PRÉCIS HISTORIQUE

SUR

LES EVÈNEMENS DE TOULON

EN 1793.

PRÉCIS
HISTORIQUE

SUR

LES EVÈNEMENS DE TOULON

EN 1793;

PAR M. LE BARON D'IMBERT.

SE DISTRIBUE GRATIS,

A PARIS,

CHEZ POULET, IMPRIMEUR-LIBRAIRE,
QUAI DES AUGUSTINS, N°. 9.

1814.

PRÉCIS HISTORIQUE

SUR

LES ÉVÈNEMENS DE TOULON

EN 1793.

Après vingt-cinq ans d'agitation, de désordre et de convulsions politiques, il est donc enfin permis de publier, sans crainte, les actes mémorables de courage qui attestent le plus éminemment l'amour et la fidélité des Français pour cette auguste et antique famille des Bourbons, accoutumée depuis tant de siècles à les gouverner plutôt par ses bienfaits que par sa puissance.

Parmi les évènemens les plus étonnans et les plus remarquables qui ont eu lieu durant le cours de notre terrible révolution, on peut placer, sans hésiter, celui dont la ville de Toulon fut le théâtre en 1793.

Placée entre deux fortes armées de la république, voyant sa rade occupée par dix-huit vaisseaux de ligne, cette ville était de plus administrée par les plus fougueux partisans de la faction révolutionnaire ; elle osa néanmoins, dans une situation aussi désespérante, secouer le joug de l'oppression, et reconnaître son souverain, sans attendre les secours que l'étranger pouvait lui procurer.

Aujourd'hui donc, que la vérité n'est plus comprimée par une tyrannie farouche, pourrais-je taire plus long-temps les détails dont j'ai été le témoin, et souvent l'acteur principal, sans m'accuser moi-même d'un silence qu'aucune considération ne saurait plus justifier ?

On s'est empressé de payer le juste tribut d'éloges aux villes et provinces qui, pendant la tourmente révolutionnaire, se sont distinguées par leur attachement à la cause royale. On vient de célébrer, avec raison, la belle conduite des habitans de Bordeaux, qui a eu une influence si prompte et si heureuse sur le midi de la France. Les provinces insurgées de l'Ouest ont reçu la part d'éloges que méritaient le courage et le zèle qu'elles ont déployés pendant une lutte sanglante et prolongée. Marseille, cette ville qui eut la douleur, au commencement de la révolution, de s'entendre calomnier à l'occasion des crimes d'une bande de brigands et d'assassins, la plupart échappés des galères, et parés du nom usurpé de Marseillais; Marseille, qui, à l'époque critique de 1793, prouva, par son zèle, combien elle était étrangère aux atrocités commises par les soi-disant Marseillais de 1792; Marseille, qui n'attend, pour recouvrer son antique splendeur, que le rétablissement de la franchise de son port, abolie par les niveleurs de la révolution; Marseille, première ville de cette belle Provence qui de tout temps a donné des hommes d'Etat à la France, et qui se glorifie encore aujourd'hui d'avoir fourni à son Prince un ministre issu d'une de ses plus nobles et plus antiques familles; Marseille vient de recevoir l'éloge mérité qu'on devait à son mouvement spontané et anticipé en faveur du rétablissement de l'autorité légitime. Lyon a été loué pour sa courageuse résistance contre la Convention, en 1793, et pour sa soumission en 1814.

Par quelle fatalité a-t-on, jusqu'à présent, oublié la ville qui, la première, dans le cours de la révolution, a franchement osé repousser la domination républicaine, et arborer le pavillon blanc, la première terre qui a reconnu Louis XVII, qui, par amour pour ce jeune et infortuné monarque, a soutenu pendant cinq mois, un siége vigoureux, dont les habitans en masse ont été obligés de chercher en terre étrangère un abri contre le poignard révolutionnaire ? Comment se ferait-il encore qu'un tel évènement restât plus longtemps dans l'oubli ? Je me sens obligé de l'en tirer aujourd'hui, ne fût-ce que pour offrir à cette intéressante cité un hommage public, en retour de la confiance et de l'estime dont ses habitans m'ont honoré (*A*).

Quand on voit une population de vingt-cinq mille âmes, et une armée navale de dix-huit vaisseaux de ligne, arborer cocarde et pavillon blancs, au moment où la France entière pliait honteusement le genou devant un fantôme de république, se contentant de disputer si elle serait fédérative ou indivisible ; certes, une telle conduite mérite bien d'être signalée ! La fidélité scrupuleuse que je m'engage à mettre dans le récit des évènemens auxquels j'ai participé, servira de contrepoids aux rapports mensongers de certains hommes dont la passion dirigeait la plume, et qui s'étaient fait une règle d'ériger le crime en vertu, et de travestir la vérité par calcul. S'il m'arrive quelquefois de parler de ma conduite, c'est parce qu'elle se trouvera appartenir tout entière au cours des évènemens.

La ville de Toulon renfermait une population composée d'élémens étrangers, et divisée en trois classes très-distinctes : 1°. la noblesse, qui consistait presque toute en officiers du grand corps de la marine royale, les chefs supérieurs de l'administration, et quelques nobles toulonnais ; 2°. la bourgeoisie, qui comprenait les officiers du second corps, tous les employés subalternes de l'administration, et les officiers de génie maritime;

3°. enfin, le bas peuple, composé des ouvriers du port, des marins, pêcheurs, etc. La plupart des individus de la première et de la dernière classe, étaient nés hors de la ville ; la seconde classe était plus particulièrement composée de Toulonnais ; elle était, par la suite d'une mauvaise organisation, plus jalouse et plus ennemie de la noblesse à Toulon, que partout ailleurs. L'administration, qui s'était emparée de l'autorité, semblait n'avoir pour but que d'entraver le service par des formes superflues et abusives, en multipliant ainsi un conflit de pouvoirs, et en entretenant un foyer continuel de haines et de jalousies. Il eût été bien utile alors, qu'à l'exemple de l'Angleterre, à qui on ne peut contester d'avoir une bonne marine, nous eussions été débarrassés, comme elle, de toutes ces entraves soi-disant administratives (1).

---

(1) Ne serait-il pas à désirer que les bons effets qui résultent du système de l'amirauté anglaise et de la simplicité de son administration, devinssent pour la France un motif d'adopter un établisse-

Un pareil ordre de choses, qui n'était que le désordre organisé, produisit les effets qu'on en devait naturellement attendre. Chaque jour vit s'accroître les animosités contre la première classe, dont le seul but était le maintien de la monarchie légitime. La bourgeoisie se jeta entièrement dans la révolution, et se ligua avec la populace contre la noblesse. Les excès qui ont fait gémir l'humanité dans le reste de la France, prirent à Toulon un caractère plus féroce, et y durèrent plus long-temps. Cependant ce qu'il y eut de remarquable, et ce qui ne doit pas échapper à l'histoire, c'est la conduite noble, ferme et toujours soutenue des anciens officiers de la marine ; long-temps ils en imposèrent aux factieux, et les arrêtèrent dans leurs desseins criminels (1). La marine royale, au

---

ment de même nature, dont une longue expérience garantit l'utilité ?

(1) Parmi beaucoup d'autres exemples d'une conduite analogue à celle qu'on vient de décrire, on peut citer M. le comte d'Albert de Rioms, l'ancien commandant de la marine à Toulon; M. Le Bailli de Glandèves, le comte Rafelis-Broves, etc.

milieu des dangers qui l'assiégeaient de toutes parts, resta fidèle à son roi ; elle émigra presqu'en totalité, à l'exception d'un petit nombre d'officiers qui, pour des raisons que je n'approfondirai pas, participèrent à la nouvelle formation du corps. Après cet amalgame étonnant, ils se flattaient encore d'avoir des inférieurs ; mais le respect pour la naissance avait disparu, l'habitude de l'obéissance s'était affaiblie ; ces sentimens, qui avaient sauvé la vie des anciens chefs de la marine, ne protégeaient plus les jours des nouveaux commandans. Bientôt la jalousie et la haine de la basse classe se réveillèrent avec une nouvelle rage ; elle immola plusieurs victimes à sa fureur révolutionnaire, et ceux qui, par leur condescendance, échappèrent à la mort, furent abreuvés d'humiliations.

Venons maintenant aux circonstances qui m'ont fait participer aux évènemens de Toulon. De retour depuis peu de mon voyage dans la mer du Sud, je me rendis à Paris, et m'y réunis au petit nombre de royalistes, qui, en se rapprochant de la personne de Louis XVI, lui vouèrent leurs services immédiats, sans calculer les dangers qui les menaçaient de toutes parts. Chargé alternativement de plusieurs missions secrètes, je trouvais à chaque retour les choses dans un état plus alarmant.

Après avoir-échappé miraculeusement aux dangers de la journée du 10 août, je reçus des ordres supérieurs de reprendre du service. J'avais été porté sur la liste des émigrés, pour ne m'être pas présenté à la revue du 15 mars 1792, revue qui a opéré la destruction de cet antique et respectable corps de la marine royale. Je me résignai néanmoins à demander de l'emploi : on me nomma au commandement d'une des escadres de la Méditerranée ; je m'étais chargé d'une grande et importante mission dans le but d'en faire manquer les effets, ainsi que le portaient mes ordres secrets et les seuls légitimes. Cette conduite m'était tracée par l'honneur et la fidélité. Je ne me rendis à Toulon qu'à la fin de février 1793.

Les choses avaient changé de face dans toute la France. Après avoir usurpé tous les pouvoirs, la Convention avait tellement appesanti son sceptre de fer, qu'il y eut un mouvement presque général d'insurrection contre son autorité illégitime ; partout le peuple était agité d'une vague terreur ; partout les sections convoquèrent les assemblées primaires ; les villes et les provinces se mettaient en relation pour leur mutuelle défense. Cette insurrection, qui n'avait pour but que de résister à la Convention, ne prit pas partout le même caractère ; tous les partis flottaient dans une incertitude cruelle ; tous les cœurs qui avaient conservé quelque reste de sensibilité, étoient remplis d'une profonde douleur ; tous sentaient qu'ils avaient perdu un père, et qu'ils n'avaient pas acquis cette chimérique liberté, dont le fantôme les avait séduit. Tous désiraient et provoquaient une autre forme de gouvernement, mais personne ne cherchait le véritable remède dans le rétablissement de la monarchie légitime. Ce fut à cette époque que je crus devoir redoubler d'activité pour la bonne cause, et tenter même quelques mesures violentes, justifiées par la nécessité. Je jugeai que je pouvais commencer avec avantage un mouvement dans le pays qui m'avait vu naître, et avec lequel j'avais constamment entretenu des rapports politiques. Les nouveaux insurgés s'y trouvaient pressés entre la famine occasionnée par le blocus des escadres coalisées, et tout ce que la rage des novateurs pouvait inspirer de crainte et de terreur.

Je trouvai à Toulon les esprits en général assez bien disposés ; j'y trouvai surtout un homme dévoué, le comte de Trogoffe. Il prit le commandement de l'armée navale ; il se montra digne de l'ancienne marine royale, et déploya en tout le caractère d'un vrai chevalier français. Malheureusement le commandant de la marine....... Ici ma plume s'arrête ; que l'impartiale histoire me pardonne cette réticence, cet officier fut mon camarade ; il ne vit plus. Le chef de l'administration, M. Vincent, était un homme de bien (1).

---

(1) Il fut destitué par la Convention. M. Puissant, qui vint le remplacer, ne partagea pas la fureur de ses mandataires, et ne mérita pas les traitemens affreux que la vengeance personnelle lui fit éprouver.

Le gouverneur de la ville était un forcené républicain ; le commandant de la garde nationale n'avait ni caractère, ni moyens. Nous remplaçâmes le premier par M. le comte de Maudet, maréchal-des-camps et armées du Roi. Les républicains corses l'avaient envoyé à Toulon pour être jugé comme coupable de haute trahison ; nous en fîmes justice en le mettant à sa place, et en lui donnant, au nom de S. M., le commandement de Toulon (1). Le chef de

---

(1) M. le comte de Maudet, d'une famille bretonne, était le parent d'un officier de la marine (M. Maudet de Penhouët), qui, dès le commencement de la révolution, se trouvait à Toulon, où il avait donné, l'un des premiers, l'exemple d'un courageux dévouement à la cause royale ; conduite que cet officier n'a cessé de tenir, soit dans les affaires de parti en Bretagne, soit dans les missions qu'il a remplies en Angleterre.

Je saisis avidement l'occasion de parler de mes anciens camarades, parce que l'ensemble du corps royal de la marine a donné les preuves les plus multipliées d'une grande fidélité à ses sermens et à ses devoirs envers la maison de Bourbon. On a vu des officiers de la marine figurer avec distinction partout où il fallait défendre les intérêts

la garde nationale fut remplacé par M. le chevalier de Grasset, ancien garde-du-corps, qui a rendu dans cette circonstance d'éminens services et déployé la plus grande fermeté.

---

de la monarchie contre la république et le gouvernement de Bonaparte; les guerre de l'Allemagne, de la Vendée, de la Bretagne, montrent sans cesse quelques-uns de nos camarades, ou combattant ou employés au service de Sa Majesté. Le plus grand nombre des officiers de la marine a péri; mais l'histoire n'oubliera pas les noms du chevalier de Charrette, du comte d'Hector, de Soulanges, d'Aché, de Grimoire, de Barras (St.-Laurent), et d'une foule d'autres qui ont donné des preuves de la plus grande vertu militaire. Ces services, s'ils étaient publiés aujourd'hui, imposerait silence à tous ces gens qui semblent voir avec douleur Sa Majesté restituer à d'illustres infortunés l'honneur patrimonial de la servir. Au surplus, les anciens officiers de la marine viennent de recevoir la plus belle récompense qu'ils pouvaient désirer; l'accueil dont le Roi a honoré ce corps, et plusieurs d'entr'eux particulièrement, suffirait à leur bonheur, s'ils ne savaient que par de nouveaux services ils peuvent mériter encore davantage l'intérêt de leur souverain, et la reconnaissance de la patrie.

Quant aux autres chefs et agens principaux des administrations de district, de département et de municipalité, je trouvai la masse infectée de l'esprit de sédition et d'anarchie. Les individus même qui montraient quelques dispositions au repentir, étaient à chaque pas arrêtés par la tiédeur de l'égoïsme et par les craintes les plus pusillanimes. Nous cherchâmes à intimider les uns, à ramener les autres. Nous nous occupâmes sans relâche et de concert du soin de diriger l'opinion publique. Aidés de plusieurs de nos camarades, nous parvînmes à nous en rendre les maîtres. Ayant appris que le chevalier de Rivoire se trouvait auprès du marquis de Marignane, ministre du Roi à Gênes, je le chargeai de sonder les ministres des puissances coalisées, sur les forces par lesquelles elles pouvaient appuyer le mouvement que nous méditions (1). Le che-

___

(1) Cet officier est le même que j'avais chargé d'une mission auprès du marquis de Saillant, au rassemblement royaliste dit le *camp de Jalais*. Il se trouva par hasard être l'objet de la première provocation de l'ennemi, et malgré sa jeunesse il parvint à se

valier de Rivoire s'empressa de me faire passer les réponses les plus favorables, et alors je proposai ouvertement aux Toulonnais de reconnaître et de proclamer Louis XVII leur légitime souverain. Cette proposition n'éprouva aucune résistance dans la ville ; mais l'escadre n'était pas entièrement dans les mêmes dispositions. Je fis rédiger en conséquence une proclamation (B), que le comité général chargea les capitaines de communiquer à leurs équipages. Je réussis à faire prendre la cocarde blanche à l'équipage de mon vaisseau l'*Apollon*. Malheureusement l'exécution de cette mesure resta incomplette ; plusieurs capitaines ne se rendirent pas à leur bord, et d'autres n'osèrent pas publier la proclamation, ce qui facilita au contre-amiral Saint-Julien (1) le moyen de s'emparer,

---

délivrer d'une troupe de clubistes armés, après avoir passé son sabre dans le corps de leur chef.

(1) En nommant M. de Saint-Julien, je me suis écarté du devoir que je m'étais imposé de ne citer aucuns de ceux qui se trouvèrent en opposition au rétablissement de l'autorité légitime ; mais la conduite de ce contre-amiral fut si publique,

au nom de la république, du commandement de l'escadre. Il fit arrêter les commissaires que le comité général envoyait aux puissances coalisées. Cet évènement fut à peine connu dans Toulon, que je fus investi du pouvoir illimité d'aller traiter avec l'amiral Hood. Malgré l'impossibilité où je me trouvais de retourner en rade, je parvins néanmoins à remplir ma mission, en passant par la ville d'Hyères et l'anse de Gien, quoique ces endroits fussent occupés par les républicains. L'amiral Hood, à bord duquel je me rendis, me fit l'accueil le plus encourageant, ainsi qu'au médecin Geay et au maire d'Hyères, que je m'étais adjoints. Je trouvai à bord de

---

qu'en le nommant je n'ai pu nuire à sa mémoire. Je crois devoir à sa famille de déclarer que l'égarement momentané de cet officier a été le fruit d'une suggestion perfide, et que l'on doit oublier cette erreur en faveur de deux circonstances, la conduite qu'il avait tenue au commencement de la révolution, dans l'affaire de M. le comte d'Albert, et le repentir sincère qu'il témoigna ensuite en venant se livrer à l'escadre alliée. M. de Saint-Julien en est mort de douleur et de regret.

cet amiral deux des membres de la première députation, MM. Barellier et Gaston, qui avaient échappé à Saint-Julien. Mais attendu les pouvoirs illimités dont j'étais revêtu, et mes anciennes relations avec cet amiral, ce fut principalement avec moi qu'il traita, ainsi qu'il résulte de la déclaration ci-jointe (CD).

Aussitôt que l'amiral Trogoffe apprit, par les signaux convenus, que le traité était conclu, il se rendit à bord de la *Perle*, où il arbora son pavillon de commandement, et fit à l'escadre le signal de ralliement. Ce fut alors que Saint-Julien quitta la partie, et se sauva du côté du village de la Seine, avec nombre d'officiers et quelques capitaines, qui abandonnèrent leurs bâtimens.

Ce changement total dans les opinions politiques des Toulonnais, parut aux coalisés si peu croyable, qu'ils hésitèrent de débarquer. Le conseil de guerre assemblé à bord du vaisseau le *Victory*, composé des amiraux et capitaines de l'escadre anglaise, décida formellement qu'on n'entrerait point; mais les dépêches que je reçus du contre-amiral Trogoffe, par lesquelles il me donnait l'assurance positive de se rendre en grande rade aussitôt que l'armée anglaise ferait un mouvement pour entrer, ainsi que la proposition que je fis de me mettre en personne à la tête des troupes, déterminèrent l'amiral Hood à prendre sur lui de passer outre, malgré la décision du conseil. Nous entrâmes en rade le lendemain 27 ; nous prîmes possession du fort *la Malgue*, où j'eus l'insigne bonheur de proclamer Louis XVII, à la tête des troupes françaises et alliées. Le soir nous fûmes reçus comme des libérateurs dans la ville, où brillaient de toutes parts des feux de joie, et où retentissaient les acclamations les plus loyales.

Il eût été bien à désirer qu'un aussi bel élan eût été soutenu par des efforts constamment unanimes ; mais je dois toute la vérité. Les villes et provinces insurgées contre la Convention, n'étaient rien moins que d'accord dans leurs principes politiques. Elles ne le furent pas davantage pour leur défense contre l'ennemi commun. Aussi les terroristes, unis entr'eux, réussirent-ils à les battre séparément. Les réfugiés abondaient de tous côtés à Toulon, et avec des bras inutiles et desbouches nuisibles dans une place de guerre ; quelques-uns apportèrent des opinions fort dangereuses, dont la manifestation excita la méfiance des alliés. D'un autre côté, quelques chefs qui, de républicains, s'étaient fait royalistes, sans jamais avoir été ni de l'un ni de l'autre parti, sollicitaient bassement les coalisés d'user, à leur aise, du droit du plus fort ; ils les engageaient à de fausses mesures, qui, en nous privant des ressources nécessaires, éloignaient la confiance et paralysaient le zèle. C'est à de pareilles manœuvres que ces individus ont dû quelques chétives gratifications, quelques profits illicites et le mépris de ceux qui les leur accordaient. Voilà une des causes principales qui ont amené la honteuse issue du siége de Toulon. Je dois encore à la vérité de proclamer ici la loyauté et le zèle qui animaient l'amiral Hood pour le rétablissement de la monarchie légitime en France. Il m'est bien doux d'avoir à rendre cet hommage public à la mémoire de cet illustre marin.

Les alliés, entrant dans Toulon, agissaient de bonne foi ; ce sont de perfides

Français qui, depuis, changèrent leurs dispositions. Des hommes ambitieux voulurent bien reconnaître le Roi, en s'adjugeant une portion de l'autorité royale, en conservant des formes dont on avait pu user utilement pour opérer le changement, mais qu'il était indispensable, après l'évènement accompli, d'abandonner comme illégitimes et découlant d'une source révolutionnaire. Les vrais royalistes pensaient que toute autorité de nouvelle création devait cesser dès que l'on avait remis au nom du Roi, entre les mains des coalisés, l'exercice de l'autorité légitime.

Je fis en conséquence prendre un arrêté par les sections, d'après lequel elles, ainsi que le comité général et autres administrations provisoires, s'ajournaient indéfiniment; cet arrêté fut porté aux amiraux et commandans de terre et de mer, par une députation composée de trois membres, MM. Gauthier de Brécy (1), Mour-

---

(1) M. Gauthier de Brécy était directeur général des fermes à Toulon; il a partagé avec un dévouement bien connu tous les dangers de la révolution: il était, à la sortie du *fort Pharon*, à côté

gues, et moi-même ; mais le parti qui avait long-temps fait suspendre cette mesure, en rendit l'exécution illusoire. Je voyais le mal, sans pouvoir l'empêcher ; l'intérêt l'emportait toujours sur les principes de l'honneur et de la bonne foi.

Les sections réunies avaient rédigé une supplique, à l'effet d'exprimer à S. A. R. Monsieur, régent du royaume, actuellement Louis XVIII, le désir qu'elles avaient de jouir de sa présence à Toulon, bien persuadées que par-là tous les esprits se seraient réunis à son autorité, et que c'était le seul moyen d'éviter la réaction que nous commencions malheureusement à éprouver. Bientôt nous fûmes informés que, malgré l'éloignement de sa personne auguste, Monsieur, de son pur mouvement, avait quitté l'Allemagne pour se rendre à Toulon (1). Déjà on se proposait de

---

du général Gravina, qui y fut blessé ; ce fut lui que nous chargeâmes d'aller complimenter les généraux alliés sur cette brillante victoire.

(1) S. A. R. Monsieur, comte de Provence, et régent du royaume, apprit à Turin l'évacuation de Toulon.

nommer une députation pour aller au-devant de S. A. R. ; mais la rapidité des évènemens changea en jours de deuil les plus belles espérances d'un avenir heureux pour la France, dont les habitans de Toulon auraient justement pu se vanter d'avoir été les premiers auteurs.

Ce n'est pas ici le lieu d'écrire l'histoire des évènemens militaires. J'ai parlé, au commencement de cet écrit, des deux armées campées sous nos murs ; il y eut journellement des actions sanglantes ; les soldats de toutes nations s'y battirent constamment comme des lions ; nombre d'habitans, et même quelques femmes, prirent part à plusieurs sorties. Mais je me contenterai de décrire l'attaque et la prise du grand camp, ou camp retranché, surnommé *le Petit-Gibraltar*, ou *le fort Mulgrave*.

Les troupes espagnoles formaient la majorité de la force de ce camp, qui, avec quelques canonniers anglais, des Piémontais, des Napolitains et des Français, se montait à environ six mille cinq cents hommes. L'attaque commença vers le soir, sur toute la ligne de terre qui est entre

Balaguer et l'Aiguillette, seule partie libre par où l'on pouvait envoyer des renforts, ou faire évacuer les troupes en cas de revers. Le général espagnol qui s'y trouvait, avait professé constamment un attachement chevaleresque à la cause royale de France, ce qui m'engagea à lui envoyer, dès le commencement de l'action, le chevalier de Rivoire (1), qui venait de rentrer à Toulon, après avoir échappé, à Livourne, au terrible incendie du vaisseau *le Scipion;* il servit comme aide-de-camp pendant tout le temps du combat, qui dura jusqu'au lendemain onze heures du matin. L'ennemi, repoussé à tout moment, revenait aussitôt à la charge avec

---

(1) Si je rappelle de nouveau les services du chevalier de Rivoire, c'est que cet officier, du nombre des cinq que j'avais envoyés auprès du général espagnol chargé principalement de la défense du camp retranché, est le seul qui ait survécu ; deux périrent sur le champ de bataille, MM. Mayer et Coste; deux autres, MM. Rossollin et le chevalier de Laà, furent fusillés en 1805, par suite de la mission importante dont j'avais chargé le général Dubuc, qui périt avec eux.

des troupes fraîches. La perte qu'il fit est incalculable ; mais enfin il fallut céder au nombre. Des chaloupes et des pontons ramenèrent en ville environ douze à quinze cents hommes, presque tous blessés, reste glorieux des six mille cinq cents qui, pendant seize heures, avaient résisté à une armée innombrable. Les troupes de toutes les nations s'y couvrirent de gloire, quoiqu'en aient pu dire certains individus qui ont écrit sur cet évènement, d'après des bruits populaires.

Après cette perte, les alliés se décidèrent à évacuer la ville ; ce n'est pas qu'une pareille mesure fût, à mon avis, encore nécessaire, il s'en fallait de beaucoup ; mais ils se laissèrent aller aux conseils de ceux qui n'avaient cessé de les tromper, qui n'avaient vu dans le siége qu'une occasion de s'enrichir, et qui n'avaient pas tiré un seul coup de canon ni de fusil. Il tardait à ces hommes de jouir, loin du danger, du prix de leur infamie. Je ne nomme pas les coupables : ils ne se nommeront sans doute pas eux-mêmes ; mais que le cri de leur conscience les engage à être modestes aujourd'hui ! L'abandon de

Toulon fut une calamité pour la cause royale, un grand malheur pour ses habitans et pour ceux qui s'y étaient réfugiés. La manière dont s'opéra l'évacuation, la rendit plus affreuse encore. Des milliers d'infortunés, abandonnant leur patrie, leurs biens, accouraient en désordre au rivage; aucune force ne les protégeait; beaucoup d'entre eux se virent, au moment de l'embarquement, dépouillés du peu qu'ils cherchaient à sauver dans ce désastre. Ces fuyards furent dispersés dans tous les pays. Les uns, séparés de leurs plus proches parens, n'ont pu les retrouver qu'après plusieurs années d'inquiétudes et de misères. Ceux qu'une fausse confiance, ou que le manque de moyens d'embarcation, empêcha de partir, perdirent misérablement la vie sous le fer des républicains qui s'emparèrent de la ville (1).

---

(1) *Lettre de Buonaparte à la Convention.*

Citoyens Représentans,

C'est du champ de bataille, marchant dans le sang des traîtres, que je vous annonce, avec joie,

Tel est le récit que je devais à mon souverain, à la France et à nos neveux.

Les Toulonnais, en partie égarés dans le commencement de la révolution, étaient devenus franchement et loyalement royalistes; des traîtres les calomnièrent auprès des coalisés, qui se fussent conduits avec plus de confiance, s'ils les eussent mieux connus. Le Roi a daigné tout pardonner; que leur conduite soit donc oubliée; mais quand j'ai servi la cause de mon souverain, il était de mon devoir d'appeler la bienveillance royale sur mes braves frères d'armes, sur plusieurs officiers de terre et de mer, sur quelques membres des administrations et des sections, et sur le

---

que vos ordres sont exécutés, et que la France est vengée. Ni l'âge, ni le sexe n'ont été épargnés; ceux qui avaient seulement été blessés par le canon républicain, ont été dépêchés *par le glaive de la liberté et par la bayonnette de l'égalité.*

Salut et admiration.

(*Signé*) BUONAPARTE.
Citoyen sans-culottes.

plus grand nombre des habitans. Heureux d'être encore l'interprète des sentimens de mes concitoyens, je me borne pour le moment à la publication de cet extrait de mes mémoires (1).

Puisse cette esquisse rapide et incomplette rappeler au monarque et à la nation que les braves et loyaux Toulonnais n'ont point attendu le changement général pour prouver leur dévouement à la personne de Sa Majesté; que c'est au milieu des horreurs de 1793 qu'ils ont proclamé la royauté, et que c'est en 1793, le 24 août, veille de la St. Louis, qu'ils ont arboré le pavillon royal et la cocarde blanche!

Quant à moi, depuis long-temps j'ai eu le bonheur de recevoir la récompense la

---

(1) Ces mémoires, que je me propose de publier incessamment, comprendront, 1º. mes campagnes d'Amérique; 2º. mon voyage dans la mer du Sud; 3º. le siège de Toulon, avec les évènemens qui l'ont précédé et suivi; 4º. les missions dont j'ai été chargé pour hâter le rétablissement de la dynastie de France; 5º. les circonstances qui ont amené et accompagné mon emprisonnement et ma longue détention sous la domination de Buonaparte.

plus honorable pour un gentilhomme et un militaire, le certificat du souverain, au service duquel je n'ai cessé d'employer tous les momens de ma vie, portant ces mots : « *EST RESTÉ FIDÈLE AU ROI ET A LA MONARCHIE.* »

FIN.

N. B. En terminant cette note, je m'aperçois que j'ai oublié de citer le zèle et le dévouement de M. Aguillon, ancien officier-général du génie, qui, malgré son grand âge, se chargea du commandement du fort *la Malgue*.

Un autre oubli non moins excusable, c'est d'avoir omis de rappeler la belle et noble conduite du corps royal des troupes de la marine ; ces vieilles bandes, ces anciens soldats de Louis XVI, rendirent, dans cette circonstance, les plus importans services, et montrèrent cet enthousiasme qui embrasera de tout temps un vrai soldat français quand il s'agira de la cause des descendans du grand Henri.

(*Pièce A.*) *Extrait des registres des sections et du comité général de Toulon.*

La section n°. 5, ouï le rapport, etc.
Déclare et arrête, etc.
Que M. d'Imbert, capitaine des vaisseaux de la marine française, a manifesté, depuis l'ouverture des sections dans notre ville, un courage au-dessus de toute expression pour opérer la révolution qui a rendu les Toulonnais à leur légitime souverain, et qu'il n'a jamais fait que des motions tendantes à provoquer le rétablissement de la monarchie, le retour de l'ordre et des lois;

Que dans la nuit du 19 août dernier, cinq jours avant le parlementaire anglais dépêché ici par l'amiral Hood, il eut le courage, malgré l'opposition des malveillans et les périls qui menaçaient alors la cité, d'élever le premier la voix pour que la ville de Toulon appelât elle-même les alliés à son secours;

Qu'il ne négligea rien, dans cette circonstance, pour étouffer les cris des malveillans, qui déjà avaient eu l'adresse de surprendre une délibération contraire à son opinion;

Et qu'il parvint à faire agréer sa proposition, et à la faire transmettre au comité général pour y avoir égard, ce qui détermina les sections à le nommer à l'instant membre dudit comité général, pour y communiquer ses vues diplomatiques.

Fait à Toulon, le 27 août 1793, l'an 1er. du règne du Louis XVII.

(*Suivent les Signatures.*)

Enregistrement.

Vu au comité général des sections, par nous Président, etc.,

Qui attestons et certifions les faits et signatures ci-dessus, et en outre que M. le baron d'Imbert, ayant été nommé membre du comité général, fut nommé, par ledit comité, commissaire auprès de M. l'amiral Hood, avec des pouvoirs illimités pour traiter avec lui sur son entrée à Toulon, et la protection qu'il devait accorder à cette ville; qu'il remplit sa mission à la satisfaction publique, puisqu'il dirigea le débarquement des troupes anglaises qui se rendirent au fort *Lamalgue*, et que le comité général lui en a témoigné sa satisfaction, ainsi qu'il conste par les délibérations dudit comité.

A Toulon, les jour et an susdits,
le 1er. du règne de Louis XVII.

(*Suivent les signatures.*)

(Pièce *B*.) DE PAR LE ROI.

Le comité général des sections de Toulon, réuni à ceux de la guerre, des affaires étrangères, et aux différens corps administratifs de la ville,

Aux Officiers et équipages de l'armée navale, ouvriers de l'arsenal et du port.

FRANÇAIS,

CALME ET SILENCE.

Un nouvel ordre de choses se présente et promet le bonheur, qui depuis si long-temps nous était enlevé; la ville de Toulon est rentrée sous l'obéissance de ses légitimes maîtres; elle a proclamé son Roi Louis XVII, fils de l'infortuné Louis XVI. Français, vous allez entendre lecture des propositions de l'amiral Hood; les habitans de Toulon vont les examiner, ils ont adopté le principe de la nécessité d'avoir un Roi. Réfléchissez sur le vœu que vous avez à prononcer, et d'après votre énoncé libre, ceux qui voudront la royauté peuvent compter sur notre assistance et sur celle de nos généreux alliés; ceux qui n'en voudraient pas seront respectés dans leurs opinions, mais renvoyés dans leurs foyers sur des bâtimens destinés à cet effet. Néanmoins leur solde leur sera continuée.

Les trois corps administratifs, réunis au comité général des sections de la guerre et des affaires étrangères.

A Toulon, ce 24 Août 1793, l'an Ier.
du règne de Louis XVII.

(*Signé*) D'IMBERT, *président.*

RÉBOUL, *vice-président.*

J. MOURGUES, *secrétaire.*

LAPOYPE VERTRIEUX, DE VIALLIS, BAUDŒUF, BERTRAND, RICHARD, BARTHÉLEMY, BONNEGRACE, GABERT, GAIROIRD, A. BARTHÉLEMY, ANT. GABERT, et M. GAY.

(Pièce *C.-D.*) LE VICE-AMIRAL LORD HOOD,

Commandant en chef les vaisseaux et navires de sa majesté britannique dans la Méditerranée, certifie, par ces présentes, à tous qu'il appartiendra, que le 26 août 1793, l'escadre sous son commandement étant à la hauteur du port de Toulon, le baron d'Imbert, capitaine du vaisseau de ligne français *l'Apollon*, alors mouillé dans la grande rade de Toulon, vint à bord du vaisseau de sa majesté *le Victory*, qui portait mon pavillon, et s'y présenta en qualité de commandant dudit vaisseau *l'Apollon*, et de membre du comité général des sections, avec pleins pouvoirs de ce comité pour traiter avec moi de la prise de possession du havre et des forts de Toulon; qu'il m'a donné toutes les informations possibles sur les sentimens et les dispositions des habitans et des sections, ainsi qu'un état exact des vaisseaux de ligne français armés, avec des observations sur les principes et le caractère des divers commandans et des équipages; qu'il me donna en même temps les plus fortes assurances que Louis XVII avait été proclamé par les sections, qui avaient juré de le reconnaître comme Roi, et qui étaient dans la ferme résolution de secouer le joug du despotisme de la convention nationale (rapports dont je reconnus l'exactitude); que le 27 août, à minuit, le baron d'Imbert accompagna les troupes anglaises débarquées pour prendre possession du fort *la Malgue*, et les guida dans le fort, où, du consentement du gouverneur, et au milieu des troupes anglaises et françaises, il proclama Louis XVII Roi de France, etc.

Je certifie de plus que son zèle et sa loyauté dans la cause commune, sont si recommandables, qu'il mérite toute protection du gouvernement britannique, ainsi que de l'illustre famille du prince dont il a embrassé les intérêts avec tant d'ardeur et de péril.

Donné de ma main et scellé de mes armes à bord du vaisseau de sa majesté *le Victory*, en rade de Toulon, le 12 décembre 1793.

(*Signé*) HOOD.

NOUS, MINISTRES PLÉNIPOTENTIAIRES DE SA MAJESTÉ BRITANNIQUE A TOULON,

Certifions et attestons à tous ceux qu'il appartiendra, que M. le baron d'Imbert, capitaine des vaisseaux du Roi de France, a toujours manifesté les sentimens les plus purs pour la monarchie, pour son légitime souverain, et pour l'ordre; que, dans la révolution qui avait eu lieu à Toulon, pour le retour aux bons principes, il s'y est toujours distingué par les opinions qu'il y a émises; qu'ayant été membre du comité général, il fut chargé de traiter avec M. l'amiral Hood, au nom de la ville de Toulon, pour l'entrée des Anglais dans cette cité; que non-seulement il s'acquitta de sa mission à la satisfaction de ses concitoyens, mais encore il fut à la tête, et dirigea le débarquement des troupes anglaises, et les introduisit dans le fort de *la Malgue*, où il proclama lui-même, avec la permission de M. le gouverneur, Louis XVII Roi de France, au milieu des troupes anglaises et françaises qui furent rassemblées à cet effet; qu'il s'est porté à plusieurs sorties faites contre les factieux, et notamment à celle du cap Brun (1), où il fut envoyé

---

(1) Cette sortie du Cap-Brun me rappelle un fait qui me paraît du plus grand intérêt. Le régiment de *Royal-Louis*, que

par M. le gouverneur Goodal, pour y reconnaître les postes et mouvemens des ennemis, etc., etc.

En foi de quoi nous lui avons délivré le présent, etc. Donné à Livourne, le 16 février 1794.

Signé, GILBERT ELLIOT, actuellement lord MINTO.

___

nous venions de créer des différens détachemens de plusieurs corps en garnison à bord des vaisseaux, et dont nous avions donné le commandement à MM. de Toustain et le chevalier de Boisgelin, soutint à lui seul pendant deux heures le feu de l'armée rebelle, qui, malgré sa grande supériorité et la position avantageuse qu'elle avait prise, finit par être culbutée et mise en déroute complette. Le jeune Possel, fils d'un ancien officier de la marine, et neveu de l'ordonnateur, fit des prodiges de valeur; M. Simoni, officier de ce régiment, y fut tué. Notre perte fut considérable ; mais celle des républicains a été énorme, s'il faut en croire le rapport des prisonniers et des déserteurs. Ce qu'il y a de certain, c'est que depuis cette époque, la première armée d'Italie ou le corps de Gardane, a disparu, et ses débris furent fondus dans l'armée du général Dugommier.

FIN DES PIÈCES.

www.ingramcontent.com/pod-product-compliance
Lightning Source LLC
Chambersburg PA
CBHW061005050426
42453CB00009B/1276